记住乡愁

——留给孩子们的中国民俗文化

刘魁立 ◎ 主编

第七辑 民间礼俗辑

民居习俗

本辑主编 萧 放

刘同彪 ◎ 编著

黑龙江少年儿童出版社

历史上的民居

序

　　亲爱的小读者们，身为中国人，你们了解中华民族的民俗文化吗？如果有所了解的话，你们又了解多少呢？

　　或许，你们认为熟知那些过去的事情是大人们的事，我们小孩儿不容易弄懂，也没必要弄懂那些事情。

　　其实，传统民俗文化的内涵极为丰富，它既不神秘也不深奥，与每个人的关系十分密切，它随时随地围绕在我们身边，贯穿于整个人生的每一天。

　　中华民族有很多传统节日，每逢节日都有一些传统民俗文化活动，比如端午节吃粽子，听大人们讲屈原为国为民愤投汨罗江的故事；八月中秋望着圆圆的明月，遐想嫦娥奔月、吴刚伐桂的传说，等等。

　　我国是一个统一的多民族国家，有 56 个民族，每个民族都有丰富多彩的文化和风俗习惯，这些不同民族的民俗文化共同构筑了中国民俗文化。或许你们听说过藏族长篇史诗《格萨尔王传》

中格萨尔王的英雄气概、蒙古族智慧的化身——巴拉根仓的机智与诙谐、维吾尔族世界闻名的智者——阿凡提的睿智与幽默、壮族歌仙刘三姐的聪慧机敏与歌如泉涌……如果这些你们都有所了解，那就说明你们已经走进了中华民族传统民俗文化的王国。

你们也许看过京剧、木偶戏、皮影戏，看过踩高跷、耍龙灯，欣赏过威风锣鼓，这些都是我们中华民族为世界贡献的艺术珍品。你们或许也欣赏过中国古琴演奏，那是中华文化中的瑰宝。1977年9月5日美国发射的"旅行者1号"探测器上所载的向外太空传达人类声音的金光盘上面，就录制了我国古琴大师管平湖演奏的中国古琴名曲——《流水》。

北京天安门东西两侧设有太庙和社稷坛，那是旧时皇帝举行仪式祭祀祖先和祭祀谷神及土地的地方。另外，在北京城的南北东西四个方位建有天坛、地坛、日坛和月坛，这些地方曾经是皇帝率领百官祭拜天、地、日、月的神圣场所。这些仪式活动说明，我们中国人自古就认为自己是自然的组成部分，因而崇信自然、融入自然，与自然和谐相处。

如今民间仍保存的奉祀关公和妈祖的习俗，则体现了中国人崇尚仁义礼智信、进行自我道德教育的意愿，表达了祈望平安顺达和扶危救困的诉求。

小读者们，你们养过蚕宝宝吗？原产于中国的蚕，真称得上伟大的小生物。蚕宝宝的一生从芝麻粒儿大小的蚕卵算起，中间经历蚁蚕、蚕宝宝、结茧吐丝等过程，到破茧成蛾结束，总共四十余天，却能为我们贡献约一千米长的蚕丝。我国历史悠久的养蚕、丝绸织绣技术自西汉"丝绸之路"诞生那天起就成为东方文明的传播者和象征，为促进人类文明的发展做出了不可磨灭的贡献！

小读者们，你们到过烧造瓷器的窑口，见过工匠师傅们拉坯、上釉、烧窑吗？中国是瓷器的故乡，我们的陶瓷技艺同样为人类文明的发展做出了巨大贡献！中国的英文国名"China"，就是由英文"china"（瓷器）一词转义而来的。

中国的历法、二十四节气、珠算、中医知识体系，都是中华民族传统文化宝库中的珍品。

让我们深感骄傲的中国传统民俗文化博大精深、丰富多彩，课本中的内容是难以囊括的。每向这个领域多迈进一步，你们对历史的认知、对人生的感悟、对生活的热爱与奋斗就会更进一分。

作为中国人，无论你身在何处，那与生俱来的充满民族文化DNA的血液将伴随你的一生，乡音难改，乡情难忘，乡愁恒久。这是你的根，这是你的魂，这种民族文化的传统体现在你身上，是你身份的标识，也是我们作为中国人彼此认同的依据，它作为一种凝聚的力量，把我们整个中华民族大家庭紧紧地联系在一起。

《记住乡愁——留给孩子们的中国民俗文化》丛书，为小读者们全面介绍了传统民俗文化的丰富内容：包括民间史诗传说故事、传统民间节日、民间信仰、礼仪习俗、民间游戏、中国古代建筑技艺、民间手工艺……

各辑的主编、各册的作者，都是相关领域的专家。他们以适合儿童的文笔，选配大量图片，简约精当地介绍每一个专题，希望小读者们读来兴趣盎然、收获颇丰。

在你们阅读的过程中，也许你们的长辈会向你们说起他们曾经的往事，讲讲他们的"乡愁"。那时，你们也许会觉得生活充满了意趣。希望这套丛书能使你们更加珍爱中国的传统民俗文化，让你们为生为中国人而自豪，长大后为中华民族的伟大复兴做出自己的贡献！

亲爱的小读者们，祝你们健康快乐！

刘魁立

二〇一七年十二月

目 录

| 历史上的民居 |

民居，我们可以简单地理解为人们居住的房屋。中国民居历史悠久，在过去的几千年里，它随中华文明的历史演进，逐渐养成了自己的"性格"。下面我们一起回顾一下中国民居的发展历史。

人类早期的房子

从前，有一个小男孩，坐在奶奶旁边听故事。

奶奶告诉他，人类最初是女娲娘娘用泥土捏出来的。

小男孩听了急切地问："女娲娘娘有没有给泥人捏座房子呀？"

奶奶想了想，回答说："哎呀！女娲娘娘只顾着捏人，忘了给他们捏房子了。"

"那他们住在哪里呀？"

| 皖南西递古村落 |

3

"山洞里。"

"老虎来了怎么办？"

"跑啊！爬到树上去。"

……

小朋友，你听过女娲造人的故事吗？我想你一定听过，这个故事在我们中国是家喻户晓的。但你有没有像小男孩那样发问：人类被女娲创造出来后，他们住在哪里？

这就是接下来我要介绍的内容：人类最初住在什么地方？什么时候出现了房子？早期的房子是什么样子的？这里主要介绍我们中国的情况。

起先，人类不知道怎样建造房屋，他们住在天然的山洞里，过着穴居野处、风餐露宿的原始生活。读到这里，也许你会问：那么

久远的事情，你怎么知道的？这不是我个人的猜想，而是考古学家们的发现。如果你喜欢刨根问底的话，可能你还要问：考古学家又是怎么知道的？让我们先想象一下，地球上的远古人类可能生活在一万年前，或者几万年前、几十万年前，甚至几百万年前，不管他们距今多么遥远，他们的活动总会留下一些痕迹，这正如一句俗语所言"凡走过必留下痕迹"，那些留下来的痕迹，便成为了解远古人类的依据。考古学家的任务就是寻找和研究那些偶然留存到现在的人类历史痕迹。

近一二百年，考古学家们在世界各地找到大量远古人类遗存，他们从中发现，在远古时代的很长一段时间

｜北京周口店
山顶洞人遗址｜

｜原始的穴居
生活｜

里，或者说一万年以前的早期人类，他们能够直立行走，会制作简单的石器，甚至还掌握了火的使用方法，但这些原始人还不具备建造房屋的本领。他们利用一些现成的洞穴，作为藏身之处，来躲避风雨严寒，以及猛禽野兽的袭击。所以，这个阶段的人也被称为"穴居人"。

原始的穴居显然不是人类理想的居住环境，人类

5

也绝不会满足于此，因此他们经过多年的努力，最终学会了盖房子。在中国古老的传说里，房子的发明者是一位拥有非凡智慧的圣人，他从鸟巢中得到启发，利用树枝、木条、芦苇、草根等，在树上搭设简单的房屋。从此以后，人们白天采集狩猎，晚上就睡在树上的小屋里，这就是"巢居"。那位圣人被人们称为"有巢氏"，他被认为是我国最早发明房屋的人。还有一种说法认为中华民族的始祖黄帝发明了房屋。相传黄帝看见百姓穴居野处，与禽兽无异，于是他挑选木材，建筑房屋，让人们有了躲风避雨的栖身之处。

中国早期人类的房屋是什么样子呢？我们还无法从有巢氏或黄帝建造房屋的传说中获得清晰完整的答案。要弄清楚这个问题，还是离不开考古学家的发现。在西安市区东面不远的半坡村，考古学家发掘了一处距今6000余年的古人类遗址。在这处遗址中，人们发现了46座房屋遗迹，从中我们可以看出，半坡古人类居住的房屋多为圆形或方形的半地下式建筑，屋顶在地面，而屋身在地下。看上去他们的房屋十分简易，还没有完全脱离穴居，我们可以称之为"半穴居"。这和更早期的穴居野处有本质的区别，因为半坡古人类的房屋经过了简单的加工和装饰，比如他们的房屋中间有个弧形的火塘，供做饭和取暖用；墙面专门用火烤过，这样做是为了使墙身更结实；门口处有高高的门槛，以防止雨水流入室内。

西安半坡房屋反映的是我国北方黄河流域早期人类的居住情况，那么这个时期南方的房屋是什么样子呢？1973年，人们在浙江余姚河姆渡镇发现了一处重要的古人类遗址，它距今约7000年，是南方长江流域早期人类遗址的代表。在河姆渡遗址中，考古学家发掘出大量干栏式房屋遗存。这种房屋的样式，是以竹木为主要材料，房子底部用木桩架空，离开地面一米左右，这样看上去房屋被分成底、上两层，底层简陋，用于饲养牲畜或堆放杂物，上层经过装饰，用于住人。干栏式房屋避免了人与潮湿地面的

| 西安半坡古人类房屋复原图 |

| 河姆渡古人类的干栏式房屋复原图 |

直接接触，特别适合南方多雨的环境。

西安半坡人的房屋在当时算是一项伟大的发明了，但是这种半穴居式的房子，

我想你很容易联想到地下室，里面昏暗潮湿，空气也很糟糕。后来人们越来越不满意这样的"半地下室"房屋，于是他们不断探索，试图盖出更加舒适的房子。在距今约4000年的山东龙山文化遗址中，考古学家发现了大量建筑在地面上的房屋遗迹，这表明在那个时候人们已经掌握了在地面上建造房屋的技术，开始从穴居中解放出来。不过，半穴居形式的房屋延续了相当长的历史时期，直到3000多年前的商代，仍有不少人在半穴居式的住宅中生活，特别是平民百姓，半穴居式的房屋或许更符合他们的经济状况和社会地位。这种情况到了周代才有了显著变化。

土木之功

在建造房屋上，中国人偏爱泥土和木头，我们的祖先正是使用这两种材料盖出了各种各样的房屋。不只是住宅，其他建筑物，如宫殿、庙宇、桥梁等，也大都用泥土和木材建造。由于这个原因，过去人们常称与建筑相关的活动为"土木"，或者"土木之工""土木之功"。我们说某个王朝的统治者"大兴土木"，就是说他动用大量民力修建宫殿园囿。有趣的是，如果你善于观察，你会发现那些和建筑相关的汉字，有很多是含"土"或"木"的。例如，垣、墙、堵、基、堂、壁、柱、楹、梁、栋、椽、楼等。土木对我国古代建筑的重要性由此可见一斑。

其实，在人类的早期，

世界很多地方的房屋大都是用土和木建造的，也许是因为这两种材料取用方便。但西方许多国家后来用石料取代土木，建造了很多石头房子，而我国则延续了以土、木为主要构材的传统。

说到这里，我回忆起了小时候的景象。20 世纪 80 年代，那时我还是个小孩子，在我的家乡山东还能见到不少土房子。别看它们是用土做的，倒也非常结实牢固，经得住风吹雨淋，而现在我们已经很难见到土房子了。

或许你有些好奇，土是多么松散的东西，用它能建造出结实的房屋吗？这就不得不佩服古人的智慧了，土当然不能直接用来盖房子，它需要经过加工处理才能成为合适的建筑材料，这个过

| 土房子 |

程古人称为"夯土"，简单地说，就是用工具将松散的土砸密实，也就是夯实。经过夯实的土变得十分结实，常用于建造房屋的地基、墙壁、围墙。令人骄傲的是，早在 4000 年前的原始社会末期，中国的远古人类就已经掌握了比较成熟的夯土技术，在之后的夏商周三代，用土夯筑的城墙及民居屋墙、院墙十分普遍。

夯土虽然在建筑上有广泛的应用，但古人并未就此

郑州商城遗址中的夯土墙

满足，他们发现土经过烧制后会变得更加硬实，于是人们逐渐学会了用土烧制砖瓦的技术，这在中国古代建筑史上是一次巨大的进步。根

砖瓦的应用
贺少雅 摄

据目前的考古发掘，早在西周时期就出现了砖瓦。至秦汉时期，砖瓦烧制技艺臻于成熟，遂有"秦砖汉瓦"的说法。虽然砖瓦的历史悠久，但在很长的时期里，砖瓦主要用于宫廷的建筑，直到明清时期，才逐渐在民间普及。

木作为建造房屋的材料，它的历史甚至比土还要久远。前面我们已经说过，早在 7000 年前的河姆渡时期，人们就学会了用竹木搭建干栏式房屋。考古学家在河姆渡遗址中还发现了简单的榫卯结构。所谓"榫卯"，就是古代人发明的木与木之间的连接组合方式，"榫"是木材中凸出的部分，也叫"榫头"；"卯"是木材中凹陷的部分，也叫"卯眼"。将"榫头"插入"卯眼"中，两根木材就连接在一起了。这就如同我们小时候玩的积木，两块积木之间总有一种连接方式。过去的房屋，柱、梁、檩、椽都是木质的，它们之间大都采用榫卯方式连接，共同组成一个稳定的房屋骨架，我们称为"木构架"。

中国房屋的木构架结构，在河姆渡时期已经出现，后来经过不断改进，逐步成熟完善。这是足以让中国人引以为豪的一项古代发明。因为木构架是古代房屋的承重结构，它支撑着房屋的重量，而墙只起隔断作用。你可以想象一下，在不依赖于钉和胶的情况下，通过榫卯技术，组成一个牢固的房屋构架，即便是墙倒了，整个房屋也不会倒，如人们所称道的那样"墙倒屋不倒"，

河姆渡遗址中发掘的"榫头"

河姆渡遗址中发掘的"卯眼"

房屋的木构架

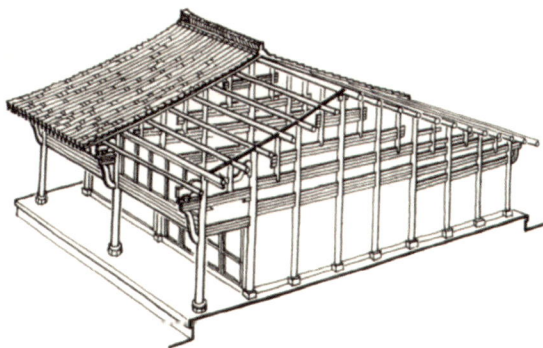

这需要多少经验和智慧呀！

朱门与白屋

房屋的发明，最初是为了满足遮挡风雨的自然需求。但中国自夏朝以来，房屋成为重要的私有财产，被赋予越来越多的文化寓意。

房屋成为身份等级的重要标识，根据房屋便知尊卑贫富。贵族与平民的区别，观其所居就清清楚楚了。汉字中有不少词语，反映了中国古代房屋的等级差别，你能想出几个例子来吗？

《幼学琼林》是我国古代一部经典的儿童启蒙书，里面有一句话，说："朱门乃富豪之第，白屋是布衣之家"。你知道这句话中"朱门"和"白屋"的意思吗？

原来，古代中国讲究身份等级，就连颜色也分出了尊卑贵贱。在中国历史上，红色一直被视为尊贵的颜色，只有天子和达官显贵才能使用。如果你去过故宫就会发现，这座闻名遐迩的古代皇家宫殿，它的墙壁、门窗和柱子都是红色的。

这种风俗由来已久，根据儒家经典著作《礼记》中的记载，西周时期，房屋中柱子的颜色，天子用红色，即丹楹（丹，红色的一种；楹，柱）；诸侯用黑色和白色；大夫用青色；士用黄色。可见，当时红色最为高贵，为天子所独享。后来，黄色的地位上升，逐渐登上最尊贵的位置，但红色依然是尊贵的色彩，普通民众甚至低级官员都不得用

| 故宫的红墙 |

红色。这样我们就不难理解"朱门"的意思，朱门就是朱红色的大门，过去如果看见哪户人家的人门漆成了朱红色，那十有八九是王公贵族的宅院。或许你还听过朱门大户、朱门华屋、朱门大第、朱门甲第这些词语，它们都是泛指富贵人家，所以《幼学琼林》里说"朱门乃富豪之第"。

知道了朱门的意思，我们再来看看"白屋"是什么？

如果你认为它是白色的房屋，那多少有些不恰当。"白屋"与"朱门"相对，指没有经过色彩装饰而露出材料本色的房屋。古代平民的房屋不仅不能使用红、黄等尊贵的颜色装饰，而且其他色彩也在禁用之列。唐代时期有规定庶民所造房屋，不得施装饰。而明代时期则不许庶民用彩色修饰屋舍。因此，旧时普通百姓的房屋通常没有色彩装饰，所能呈现的就是材料的自然颜色，这称之为"白屋"，它指庶民百姓住的房屋，所以说"白屋是布衣之家"。

房屋呈现的尊卑秩序，即便是富甲一方的巨商大贾，也不敢随便改变。我们可以举个例子，不知你有没有去过山西乔家大院，这处由山西著名商人修建的豪宅，可谓雄伟壮观，但因为

乔家大院的门

乔家没有官秩，所以它的大门不能漆成朱色。

虽然古代是一个等级森严的社会，但尊卑之间并非固定不变，朱门子弟若不努力，也有可能变为贫民大众；白屋之子若能把握机遇，也可能成为显贵。如中国另一部著名的儿童读物《增广贤文》中所言："蒿草之下，或有兰香。茅茨之屋，或有侯王。无限朱门生饿殍，几多白屋出公卿"。

对于读书人来说，传统儒家思想强调"穷则独善其身，达则兼济天下"，只要一心向道，注重自身修养，即便贫穷也无所谓。下面的这个小故事，就反映了这个道理。

相传孔子有一个出身贫寒的弟子，名叫原宪，他住

在一座简陋的茅屋里，到底有多么简陋呢，让我给你描述一番：矮小的泥土墙壁，杂草丛生的屋顶，蓬草编成的门，桑树条做的门轴也已经破烂不堪。屋子很小，用一个瓮当作窗户隔出两间房，雨天屋里漏水严重，地上一片泥泞。这绝对称得上"陋室"，但是原宪在这样的居住环境中却能够弹琴唱歌，悠然自得，不以为苦，反以为乐，居然住出了诗意。

有一次，孔子的另一个学生子贡，穿着华丽的衣服，乘坐高车大马前来拜访原宪。原宪衣衫褴褛，拄着拐杖出门迎接。子贡见状，顿生怜悯之情，以为原宪生了病。原宪回答说："没有钱财的叫作贫穷，学习知识道理却不付诸行动的叫作生

病。如今的我只是贫穷，没有生病。"子贡听到这里，面露愧色。原宪又说："做事迎合世俗，交友结党营私，学习是为了赢得别人的夸赞，教育是为了炫耀自己，借仁义之名行邪恶之事，追求车马的华丽装饰，这些我都不愿意去做。"

这个故事赞扬了原宪安贫乐道、洁身自好的精神，为古代读书人所称道。我们从原宪的故事中，还可以了解两个形容房屋简陋的词语，古书里形容原宪居住的茅屋为"环堵之室""蓬户瓮牖"。什么是"环堵之室"呢？"堵"是土筑的墙，古代采用版筑法筑墙，先将一个长方无底的木匣放在墙基上，再往木匣里填土，并夯实，然后拆去木匣，筑实的

土留在墙基上，形成土墙的一部分，称为"一版"，五版为"一堵"。因为一堵墙的面积不大，所以"环堵之室"是指狭小、简陋的房屋。"蓬户瓮牖"又是什么意思呢？"户"是门的意思，"蓬户"指用蓬草编成的门。"瓮"是一种陶制的容器，"牖"指窗户，"瓮牖"就是以瓮为牖，即用瓮当窗户用。"蓬户瓮牖"形容居处简陋，生活贫困。

版筑法

不同地方的民居

| 不同地方的民居 |

小时候，我在课堂上知道了中国是一个地大物博的国家。不过，那个年代我到过最远的地方，也没有超出我所居住的那座城市。当时，我对"地大物博"的理解，只是依稀感觉在遥远的故乡之外还有一片广阔的地方。后来，我的活动区域逐渐扩大，去了许多省份，看到了不同的景色，听到了不同的方言，吃到了不同的美味，领略了不同的风俗。这时，我体会到了"地大物博"带来的美妙，体会到了文化的多样性。

我国的民居文化，也因地大物博的国情，孕育出多彩的花朵。下面，我们就一起观赏民居中的一些花朵，它们开在不同的地方，让我们从一株柔美的花朵开始我们的旅程。

小桥流水人家——江南水乡民居

若是你去过江南水乡，譬如江苏周庄、同里，或是浙江乌镇、西塘，我敢肯定，那里的美足够叫你流连忘返。大家都说江南美，但到底有多美？我们不妨看看唐末诗人韦庄在《菩萨蛮》里的描述：

人人尽说江南好，游人只合江南老。春水碧于天，画船听雨眠。

炉边人似月，皓腕凝霜雪。未老莫还乡，还乡须断肠。

读完这首词，你可以轻轻闭上眼睛，想象一下江南水乡的美。

江南水乡，是水的故乡，那里河湖密布，置身其中，

临水而居

小桥流水，篷船吴歌，粉墙黛瓦，处处尽诗意。这里的人家傍水而居，他们的房屋根据河流走向和地势高低灵活布局，错落有致地立于河流两岸。墙面多被粉刷成白色，屋顶一般铺灰色的瓦，色调明净素雅，与周围的自然环境相映成趣，给人以清新隽永的美感。

江南水乡是一幅多彩的画卷，民居是装扮它的一种颜色，要是我们把民居从画卷中剥离出来，那么它的美将黯然失色。单看那些白墙灰瓦的房屋，难以发现它们的特别之处，是那水、那船、那桥、那踏水台阶，还有江南人的吴侬细语、秀慧柔美，改变了房屋的单调色彩，让一切变得生动起来。

│江南水乡民居│

我家住在黄土高坡——
西北窑洞

我家住在黄土高坡，大

风从坡上刮过，不管是西北风，还是东南风，都是我的歌，我的歌。

我家住在黄土高坡，日头从坡上走过，照着我窑洞晒着我的胳膊，还有我的牛跟着我。

这首《黄土高坡》不知你有没有听过？我想你们的父母肯定听过。在20世纪80年代，这首歌可谓妇孺皆知，那个时候我也能哼一两句，就是这首歌，让我对黄土高原的景象和生活有了最初的印象。

黄土高原是中国乃至世界面积最大的黄土区，它横跨青海、甘肃、宁夏、内蒙古、陕西、山西、河南七个省区，绵延千里。黄土高原是黄土沉积的产物，这里干旱少雨，植被覆盖率低，经过长时间的水土流失，逐渐形成了千沟万壑的地貌特征。在这样的地理环境中，会产生什么样的民居呢？

我们不妨拿江南水乡做个比较，这样我们就会感觉到强烈的反差，形成深刻的印象。西北与江南，相隔千里，风土人情迥异，同时这种差异反映在民居上，如果说江南水乡民居离不开水的滋养，那么西北黄土高原民居则是从土中孕育出来的。前面我们已经说过，土和木是中国古代最主要的两种建筑材料。由于黄土高原雨水稀少，树木变得稀缺贵重，

黄土高原

人们不得不利用遍地的黄土营造舒适的家园。你能想象用黄土盖起一座房屋吗？需要说明的是，黄土高原的土非常厚实，与黏土和矿物质相混合，土质十分坚固，直立性很强。生活在这里的人们，在建筑材料匮乏的条件下，根据黄土的地质特点，就地取材，创造了一种独特的民居形式——窑洞。

窑洞是黄土高原的产物，广泛分布于陕西、甘肃、宁夏、山西等地，尤以陕北地区最为集中。窑洞的独特之处在于，它不是在地面上搭建起来的，而是在黄土层的断面上挖掘横向的洞穴而成，属于穴居式民居。看到这里，也许你会想，这也太原始了吧！穴居、半穴居可是人类早期的居住方式呀！是的，你可以把窑洞视为原始穴居的升级版，但二者之间是不可同日而语的。窑洞是一种成熟的民居形式，它

窑洞

山西吉县窑洞遗存

洞壁才会变硬实。通常是挖上两三米后，就要停下来晾一晾，打一个完整的窑洞，一般需要花费数年的工夫。窑洞挖好晾干后，将黄土和碎草混在一起和泥，进行泥窑，至少要泥两遍。接着安装门窗，它的形制很特别，上面是半圆形，下面是长方形，据说是取天圆地方的意思。门窗是使用木材较多的地方，窗户多镂吉祥的纹饰，并用窗花装扮。室内建造土炕，为了更加整洁干净，周边多用炕围画美饰一番，这样一座朴素但不失温馨的窑洞就落成了。

的挖掘需要高超的技术和丰富的经验，建造窑洞的过程当地人称为"打窑洞"。打窑洞不能操之过急，因为刚挖掘出来的洞壁，土中水分大，强度低，容易发生坍塌，需要晾上半年，经过风干，

窑洞内部

窑洞主要有两种类型，一是靠崖式窑洞，它是在自然形成的黄土崖壁上挖掘的窑洞；二是地坑窑，它是在平地上向下挖出一个

四方形的土坑，形成一个院落，在四面的土壁上各凿三孔窑洞。

虽然窑洞的采光和通风不太理想，但它适应了黄土高原的自然条件和生存环境，它有效地阻挡了风沙和寒冷的侵袭，并节约了建造成本。与江南水乡的细腻柔美不同，黄土高原的一切都显得粗犷质朴，窑洞自然也不例外，你看那窗花，那绣花门帘，那悬挂在墙壁上的红辣椒，还有坐在土炕上忙于女红（gōng）的婆姨，是否也能生发出另一种意境？

天似穹庐，笼盖四野——蒙古包

敕勒川，阴山下，
天似穹庐，笼盖四野。
天苍苍，野茫茫，
风吹草低见牛羊。

这首北朝民歌你一定很熟悉吧，简短的诗句，将我们带入壮阔的大草原之中。你有没有想过，生活在内蒙

内蒙古草原

|蒙古包|

古大草原上的人们，他们住什么样的房子？

蒙古族是中国北方的游牧民族，他们习惯于"逐水草而居"，哪里有茂盛的水草，就去哪里生活。所以，他们经常搬家，而他们的房子需要适应频繁迁徙的游牧生活，这就决定他们的房子必须容易建造和搬迁，于是就产生了蒙古包这种草原上独特的居住方式。

蒙古包有千余年的历史，在古代也被称为"穹庐""毡帐"，简单地说，就是用毡子做出的圆形伞顶式的帐篷。蒙古包的帐身呈圆柱形，帐壁被分成数块，帐顶呈伞状，中间顶端留一个圆形的天窗，便于采光、透风。蒙古包的四壁和帐顶均用毛毡围合，用绳带固定，门通常安装在东面或南面，这是由于草原经常刮西北风的缘故。我们可以看到，蒙古包的搭建十分简

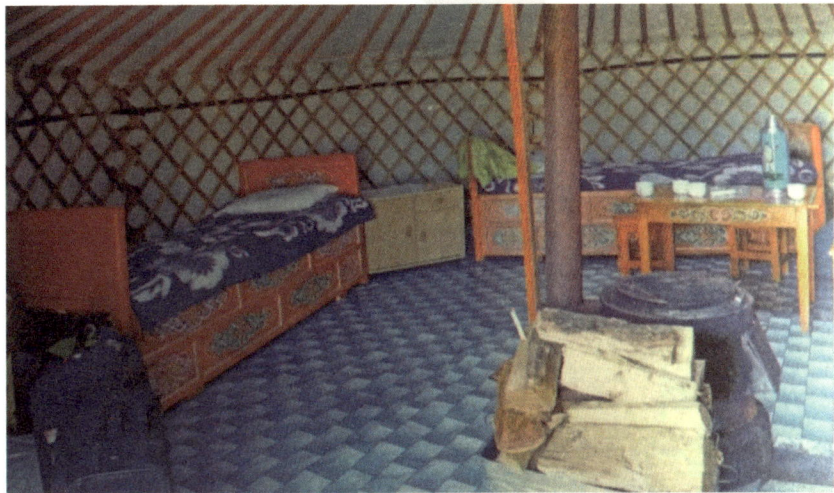

易，但住起来却舒适牢固。它的尖顶圆形的外观能够减轻风力，经得住风吹，且不容易积存雪雨。冬季，厚实的羊毛毡能够有效地阻挡风雪，加上室内可用炉具取暖，住在里面十分暖和。夏季，打开天窗和包门，掀起围毡，便能吹进凉爽的风，赶走炎暑。

蒙古族崇尚白色，以白色为美，认为白色是圣洁、长寿的象征，所以，蒙古包大多是白色的。一座座绣着漂亮纹饰的白色蒙古包，与碧草、蓝天、白云、牛羊相融，生出一种自然、和谐的美。

蒙古包易搭易拆，简单实用，舒适美观，别具一格，与蒙古族的游牧生活相适应，是蒙古族人民生活智慧的结晶。

竹林深处闻犬吠——傣族竹楼

大家都知道，南方地

27

区经常下雨，空气湿润，在这样的气候条件下，建造什么样的房屋才能保持干爽透气呢？

傣族竹楼

傣族竹楼内部

不知你有没有想起我们前面说的干栏式房屋？就是将底部架空，人居住的地方不与地面接触，这样就能减轻潮湿，干栏式房屋广泛存在于南方。

接下来向大家介绍一种独特的干栏式房屋，它几乎全部用竹子建成，这便是傣族人家的竹楼。

傣族主要分布在我国云南的西双版纳、德宏、思茅等地区，这里属于亚热带，气候炎热，潮湿多雨。傣族生活的地方，大都盛产竹子，傣家人就地取材，以竹为主要材料建造房屋。为了抵御上升的潮气，下层往往架空，高出地面许多，这样做还能有效地避开水患和虫兽。上层主要包括堂屋和卧室，堂屋一般非常宽大，中间铺一大块竹席，通常还有个火塘，可烧饭做菜。堂屋是整个竹楼的中心，也是招待客人的地方。堂屋向里是用竹围子或木板隔出的卧室，是傣家人休息的地方，外人不得随便入内。

我们从照片中可以看到，傣族竹楼的构架比较简单，室内十分宽敞，通风极好。在酷热的天气里，能迎来习习凉风，舒适惬意。

每座竹楼外面，都用竹片作篱笆，围成一个大大的院子，用来种植花草果木，为竹楼增添了不少情趣。每个傣族村寨，周边大都有防护林带，远处望去，竹楼被一片片浓绿的竹林包围着，仿佛置于绿色的海洋之中。

合族同居一片天——福建土楼

你见过像城堡一样的住宅吗？

如果你去过福建，就有可能见到这样的民居，它是土筑的楼房，大多为圆形和

福建土楼

方形，高达三至六层，外观像一座城堡，里面有二三百个房间，可容纳几百人居住，这就是被誉为"东方古城堡"的福建土楼。

福建土楼有很多独特的

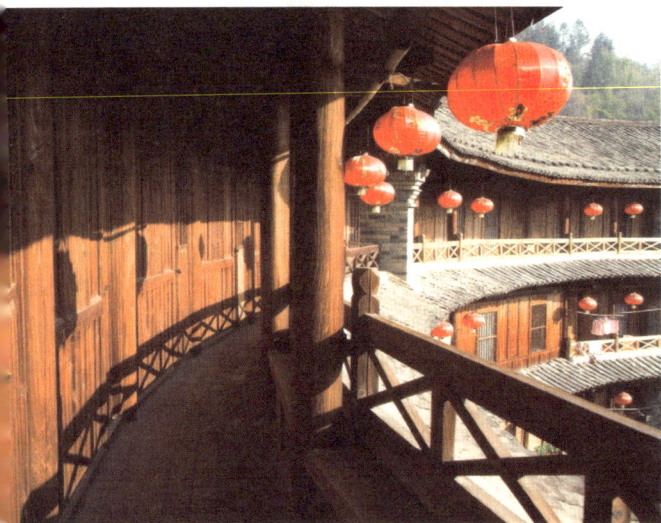

地方，比如，它的墙壁很厚，在一米以上；它与外界只有一扇门相通；它的一、二层没有窗户；它里面储存的粮食可供整座楼里的人吃半年；它的周围通常比较开阔；同一座土楼里的居民来自同一个宗族。

为什么会出现这样的民居？这就要从土楼的主人说起。福建土楼的原住民，多数是客家人。客家人属于汉族的一个支系，他们原本居住在中原地区，由于战争、自然灾害等原因，被迫迁到南方谋生活。由于生存环境十分艰险，他们通常居住在偏僻的边远山区，时常受到豺狼虎豹和山贼土匪的侵犯以及当地人的排挤，于是客家人便建造了这种带有防御性的城堡式住宅。这样我们就不难理解土楼的墙壁为何夯筑得那么厚实，为何只开一扇向外的大门，以及为何一二层没有窗户，这些都是出于防御外敌入侵的需要。恶劣的生存环境，促使客家人团结族人，采取聚族而居的方式，共同抵御风险，这样便形成了一个家族居住在同一座土楼的情况。

之所以称为土楼，是因为它以生土为主要建筑材料，采用传统夯土技术筑成。当地的生土黏性大，掺和细沙、石灰、木条、竹片等，经过反复揉压能够形成坚实的墙体，经得住风雨侵蚀和炮火的攻击。现存的土楼大部分具有二三百年甚至四五百年的历史，其间经过多次地震，仍安然无恙。

福建土楼分为圆形土楼、方形土楼、五凤楼等形式，以圆形、方形居多。楼内分成大小一样的房间，各层功能有所不同，一层为厨房或客厅，二层为仓库，用来储藏粮食和物品，三层以上是卧室，用来居住。住在土楼里的人虽多，但秩序井然，并不感到混乱。

福建土楼主要分布在闽西的永定、武平及闽西南的南靖、华安、平和等地，以永定县最为集中，那里有两万多座土楼。2008 年，"福建土楼"被列入世界文化遗产名录，它犹如东方的一粒明珠，是我国传统建筑艺术的杰出代表，具有极高的历史、艺术和科学价值。

庭院深深——北京四合院

提到四合院，许多人会想到北京。不可否认，北京有很多四合院，但河北、山西、四川等很多省份也都有四合院，为何北京四合院能成为中国四合院的典型代表呢？

我们先来认识下四合院，它的历史十分悠久，早在西周时期我国就出现了四合院式的建筑，后来逐渐成为华北地区的代表民居。为什么称作四合院呢？因为这种民居是由东、西、南、北四面的房屋围合而成，由此形成封闭的院落。四合院一般坐北朝南，北面是正房，通常为三开间或五开间，为家中长辈居住；东、西面为厢房，一般为三开间，是晚辈居住的地方；南面的房屋叫作"倒座"，通常作为客房，或家中仆人居住，所有房屋都朝向内部的庭院。四合院

|二进四合院平面图|

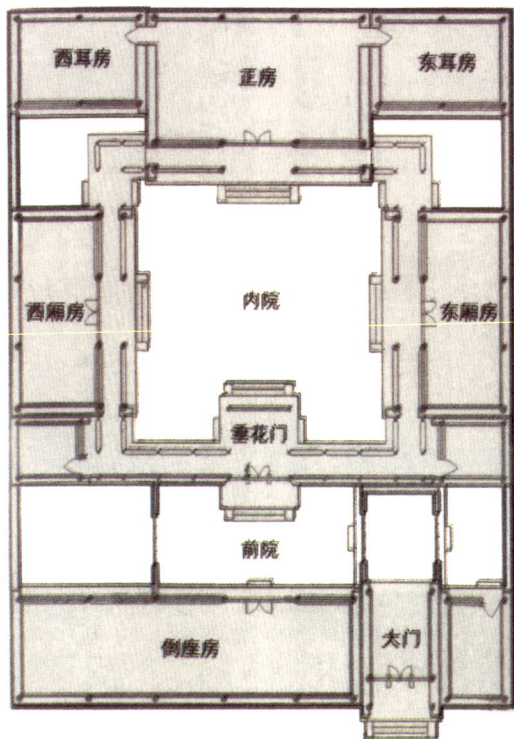

的大小规模不一，根据院子的数量，可分为一进院的四合院，它的整体外观呈"口"字形；二进院的四合院，它的整体外观呈"日"字形；三进院的四合院，它的整体外观呈"目"字形。

北京四合院能够成为中国四合院的典型代表，与北京作为古都的地位是分不开的，北京有近千年的建都史，是举世闻名的古都。生活在天子脚下的北京人，他们在营造住宅时，受中国传统礼制思想的影响比较深重，遵循的规矩也很多。北京四合院可以称得上是中国最规整的四合院，它的中

北京胡同里的四合院

山西四合院

心庭院基本上是个正方形，而且讲究左右对称。其他地方的四合院就不如北京的方正，例如，山西的四合院，它的庭院是一个南北长、东西窄的长方形。

再者，作为古代的著名

| 北京四合院的大门 |

都城，北京聚集了不同阶层的人，从王公大臣、文人学士、富商巨贾再到平民百姓，不同身份的人居住在不同规格的四合院中。北京的四合院比较明显地体现了中国古代房屋的等级差别，这单从大门上就很容易看出来。北京四合院的大门大致分为王府大门、广亮大门、金柱大门、蛮子门、如意门五个级别。其中，王府大门级别最高，只有亲王、郡王才能使用；广亮大门和金柱大门为不同品级的官员所采用，广亮大门的级别高于金柱大门；蛮子门多为富商巨贾所采用；如意门则为普通百姓所采用。所以，从北京四合院的大门的形式上，就能看出四合院主人的身份高低。

民居的建造

民居的建造

建造房屋是一项复杂的工程，从选择房屋基地、动土开工到新房落成，需要多道程序，往往经历数月乃至几年的时间，其劳动强度和工作的复杂性非一家一户所能胜任，通常需要邻里亲戚的帮忙，举一村之力才能完成。民居的建造不仅是一项技术活，而且涉及俗信、仪式、民间交往等社会文化方面的内容。接下来，我们一起看看过去盖一座房屋需要经历哪些重要的步骤？都有哪些讲究？

选址

"昔孟母，择邻处；子不学，断机杼。"如果你看过《三字经》这部家喻户晓的读物，你一定知道"孟母三迁"的故事。孟子年幼时，他的母亲曾三次搬家，只为让孟子拥有一个良好的成长环境。这个故事既赞扬了孟母教子有方，也反映出居住环境的重要性。俗话说："山清水秀出才子，穷山恶水出刁民。"中国人自古重视宅基地的选择，认为房屋周边的环境攸关家庭的健康福祉。

建造房屋从选址开始，确定房屋基地的方位。过去通常需要请"阴阳先生"看风水，最终选择一处风水宝地。那么，将房屋建造在什么地方，才算得上"风水宝地"呢？几千年来，人们在这方面积累了丰富的经验，形成了一套复杂的"风水术"体系。根据传统的风水学说，理想的住宅选址是：房屋坐北朝南，东面有流水，西边有道路，南面有水池，北面有山峰或丘陵。即古人所说的 "凡宅左有流水，谓之青龙；右有长道，谓之白虎；前有水池，谓之朱雀；后有丘陵，谓之玄武。为最贵地。"这样的选址适应中国大部分地区的地形气候特点，即使用现代的观念来分析，这样的环境也是适宜人类居住的理想环境。房屋北面靠山，可以阻挡冬季严寒；南面平坦开阔，既可以得到良好的光照，又可以在炎热的夏季接纳习习凉风；东面的流水为农田灌溉和生活用水提供

客家民居

了便利。

在房屋基地的选择上，古代风水术还包含许多禁忌，例如，房屋不宜建造在各种冲口上，尤其忌讳大路或河道直冲着房屋；不宜建造在草木不生的地方；不宜建造在城门口处等。这些说法虽然有些是牵强附会的，但也有些是有一定的合理性，比如，大路直冲房屋，不仅妨碍交通，存在安全隐患，而且也不美观。在草木不生的地方建造房屋，周边难以形成绿化环境。

对于现代人来说，风水术看上去内容庞杂、深奥难懂。其实，抛开它的迷信部分，多数内容是讲求民居与自然环境的和谐关系，反映了古人对居住环境的思考。

动土

房址选好后，就可以进入兴工建造的阶段了。生活中你是否有这样的体验，当一件重要的事情开始时，通常需要通过仪式性的活动，以便人们获得充分的心理准备。盖房子对于大部分人家来说是一件重大的事情，在开始建造之时，往往要举行动土仪式。所谓"动土"，指在即将建造时，第一次刨土。人们非常看重动土仪式，民间有"动土如人之受胎"的说法。这个仪式的程序并不复杂，各地的做法也有许多不同。一般来说，主家要提前请风水先生确定动土的日期，选择一个"黄道吉日"。动土当日，向"土地公"行祭拜之礼，这是由于盖房挖地基，人们恐怕打扰"土地公"，便事先向"土地公"禀报动土开工的时辰，以求吉利。所用祭品，多为猪头、鸡、鸭、水果、糕点、糖果等。有些地方还要祭拜"鲁班先师"等与建造房屋相关的神祇。祭拜完毕后，接下来燃炮，由主家或工匠在地基上象征性地掘两三下土，动土仪式就算完成了。

动土仪式完成后，便可以开始建造房屋了，自此以后，主家开始忙碌起来，邻里亲友前来庆贺、帮忙，与主家共同应对繁杂的事务。

上梁

我想你一定熟悉"顶梁柱"和"栋梁"这两个词语，它们都是指能够担负重担的人。为什么这两个词会有这样的含义呢？

这与我国房屋大多采用木构架的结构有关，在木构架中，梁和柱是房屋重量的主要承受部件，房屋是否稳固，很大程度上取决于梁与柱的质量及其安放是否得当。梁柱的功能被引申后，便常用来形容堪当重任的人才。

既然梁、柱的作用如此重要，那么"立柱上梁"自然成为房屋建造程序中的关键环节，尤其是安装房屋的中梁，最为讲究，往往要举行隆重的"上梁"仪式。

房屋的木构架

"上梁"，有的地方也称为"上大梁"，指安放屋顶最高的一根中梁。到了"上梁"的时候，房屋建造接近尾声，即将完工。在上梁之前，需要做好两个方面的准备工作，一是选好上梁的日期，二是准备好梁材。上梁是件大事，通常需要择定一个吉日良辰，不少地方讲究使用"月圆""涨潮"的时辰，取合家团圆、财源广进的美好寓意。能够作为中梁的木材，一般就地取材，常用的有杉木、樟木、椿木、松木、榆木等，要求树干挺直，枝叶繁茂，没有虫蛀、鸟巢等。梁材选定后，在上梁之前，梁材需要经过加工修饰，在上面绘五谷丰登、福禄寿喜、人财两旺等吉祥图案，并贴红纸，在梁木的

中间部位系红布，书写"上梁大吉""姜太公在此"等条语。梁材加工好后，就不能着地了，放在支架上待用。期间，忌讳跨越或蹲坐选定

备好的梁木

上梁仪式

的梁材，家禽及污秽之物也要远离梁材。

上梁之日，先要祭梁，人们将梁木抬进新屋堂前，在供桌上摆上猪、鱼、鸡等各种祭品，由瓦匠、木匠师傅祭拜土地公及八方神灵。有的地方将大红公鸡的血洒在梁木上，称为"点光"。还有的地方请主持建房的师傅往梁木上浇酒，一边浇酒，一边说唱祝福语。祭梁完毕后，紧接着就是上梁，一般由工匠师傅一步步登高扛上屋顶，扛梁时要求平稳，避免倾斜，但有些地方讲究升梁时梁的东边略高于西边，这是由于在传统的方位观念中，东边是青龙，西边是白虎，白虎不得高于青龙，否则，被认为是不吉利的。在上梁的过程中，主家燃放鞭炮，工匠师傅还要唱"上梁歌"，内容多是一些称赞梁木、祝福房屋主人的吉祥语。这时，旁边的伙计、徒弟及主家、亲友和围观者需要呼应工匠师傅的演唱，齐声说："好！好！"

中梁安放稳定后，还有一个热闹的环节，就是"抛梁"。工匠师傅将主家备好的馒头、糖果、花生、香烟、铜钱、元宝等从梁上抛向四周围观的人群，男女老幼争抢，人越多越热闹，寓意主

大理白族人家上梁仪式

家兴旺。抛梁时，工匠师傅要说一些吉利的话语，比如湖北省阳新县流行的一首抛梁歌：抛梁抛到东，东方日出满堂红；抛梁抛到西，麒麟送子挂双喜；抛梁抛到南，子子孙孙做状元；抛梁抛到北，囤囤白米年年满。

抛梁结束后，主家准备丰盛的酒席宴请匠人、帮工及亲朋好友，并分发红包，在大家的庆贺声中，整个上梁仪式才算完成。

立门

房屋的大门犹如人的脸面，彰显居住者的身份等级，这一点我们从"朱门大户"和"蓬门荜户"两个成语中便能感觉到。富裕的人家，通常会修建气派的门楼，贫困之家，也会根据自身情况，尽力将大门装点的体面一些。

人们重视大门的营造，还有一个原因是，在传统观念里，大门被视为与外界发生联系的通道，是保护宅院安宁的重要屏障，被认为关系到住户的健康和发展。因此，在大门的修建过程中，就有了不少讲究和禁忌。比如，在大门的朝向上，对于坐北朝南的房子，大门一般开在东南方向，且不宜与里面的屋门相对。

在盖房过程中，安装大门称为"立门"，与上梁一样，也有一定的仪式活动。例如，湖南的汉族居民，在立门时，

山西王家大院气派的门楼

木匠师傅要祭祀门神并祝福祈祷，俗称"安朝门"。甘肃河西走廊一带的汉民在立门时，将一双筷子、一卷古书和一个装有五谷的红布袋挂在大门上，含有人丁兴旺、文运亨通及五谷丰登等吉祥寓意。在四川、云南等不少地方，流行"踩门"的习俗。待大门安装好后，主家请一位在当地德高望重且福寿双全的人来踩门。主人关上新安装好的大门，踩门人手持大茶盘，里面盛有红枣、核桃、硬币等物，向大门方向迈进，当踩门人靠近大门时，主人将大门打开，恭敬地迎接踩门人，踩门人一边进入大门，一边口诵祝福词，如一首简单的踩门词：踩吉门，踩祥门，吉祥如意四季春，财丁两旺世代兴；踩福门，

踩寿门，福如东海长流水，寿比南山不老松。祝福词诵毕，踩门人将盘中红枣、核桃、硬币等撒向屋中，寓意主人家财源广进、福寿齐来。

贺新房

新房落成后，主家通常设酒宴招待工匠、乡亲和帮工，答谢他们的辛苦劳动和帮助。陕西关中地区在房屋建成后，邀请亲友乡邻到新房尽情娱乐，主人家在新房中生一堆火，来宾围火而坐，喝茶吸烟，聊聊家常，也可打牌、吹拉弹唱，进行一些

山西中阳县刘文萍剪纸作品《暖窑》　刘三梅　摄

45

娱乐活动。这样的活动自新房建成之日起，一直持续三天，富裕的人家还会设宴相待。这种习俗在当地称为"烘房"。云南傣族在新房建成时，全寨的乡亲都前来祝贺，主人用米酒款待乡亲，从傍晚开始，大家尽情欢呼，通宵达旦，歌声笑语不绝。山西中阳县盖成新房后有"暖窑"习俗，在这一天，当太阳还没有出来的时候，一家人用手扎破窗户纸，然后家里人抬着水，拿着镜子进新家。在当地，水是财，而镜子寓意亮亮堂堂，希望搬入新居后日子红红火火。

新房落成后，要择日入迁，这意味着进入一个新的居处，是一件喜庆的事情，即人们常说的"乔迁之喜"。与动土、上梁一样，搬入新居也要选择一个好日子，图个吉庆。移居前要将房屋院落打扫干净，入住之日，先将火塘和锅灶安置好，接着将祖先牌位安放妥当，随后搬进日常用品。届时邻里亲戚携带礼品前来祝贺，主家置酒款待来宾，热闹一番。

闽南人移居新房称为"入厝"，妻子娘家需提前送红灯笼挂于新居大厅，称为"添灯"。与"添丁"音相似，取添丁进财之意，因此，所送的灯笼越多越好，预示人财两旺。

民居的空间布局

| 民居的空间布局 |

房屋盖好了，迁入后如何居住？各个空间如何使用？对于现代人来说，或许这都是一些简单的问题。然而，在过去这是有很多的讲究的，房屋中的不同空间具有不同的功能，并且被赋予了不同的文化寓意。

男女有别，长幼有序

过去，中国人过着"聚族而居"的生活，一个家族的人往往居住在一起，尤其是兄弟之间，即便已经成家，也往往"同居共财"。这样就形成了一个大家庭，在这个大家庭之中，除了父母和子女之外，还可能包括曾祖父母、祖父母及父亲兄弟各自成立的"小家庭"。这样的大家庭，少则十数口，多则数十口。也许你已经好奇了，这么多的人如何居住在同一个屋檐下呢？

的确，家庭人口越多，关系愈复杂。幸好中国自古就形成了一套调和"大家庭"成员关系的居家礼仪，如《颜氏家训》《郑氏家范》《居家杂仪》等，它们规定了男女、长幼、父子、兄弟、夫妻之间的礼仪规范，构建了一套"男女有别，长幼有序"的居住秩序，使得中国传统家庭虽大，却井然有序。

在中国传统的大家庭

中，男女有明确的分工，大致为"男治外事，女治内事"，男子主要从事生产经营、社会交往等事宜，女子主要从事生儿育女、操持家务等活动。由于分工的不同，男女在住宅中的活动空间也不一样。男子多在前院、堂屋等住宅的前部活动，有些礼仪甚至要求男子白天不能无故待在自己的卧室。而女子的活动范围则被限制在幽深、封闭的后院，她们不能无故出中门，活动空间十分有限。

未婚女子在后院有属于自己的居住空间，人们称之为"闺房"，她们大部分时间过着"大门不出，二门不迈"的闺阁生活。古代未婚女子无事不出门，整日待在闺房，那她们做些什么呢？其中一项重要的活动，便是学习女红，即从事纺织、刺绣、缝补、剪纸等手

| 安徽西递古民居中的绣楼 |

工技艺。富裕的家庭，还会在住宅中营造绣楼，为未婚女子提供专门的女红场所。唐代诗人白居易在《长恨歌》中有处佳句："杨家有女初长成，养在深闺人未识。"说的是杨贵妃在长大入宫之前，她的美貌不为外人所知，因为她长期"养在深闺"，很少与外界接触。因此，像杨贵妃一样"养在深闺人未识"可谓中国传统女子的生活写照。

在中国传统社会中，住宅的空间分配，还特别强调了长幼辈分关系，正房一般留给长辈或家长居住，晚辈则住在位置稍次的侧房。例如，在北京四合院中，长辈居住在北面朝南的正屋中，晚辈则居住在东西的厢房中。在北方很多地方，若让家中长辈居住在南房，则会被外人视为不孝。因为南房冬季寒冷，夏季炎热，居住条件不佳。

堂屋

宋代有部书叫作《事物纪原》，里面有这么一段话："堂，当也，当正阳之屋；堂，明也，言明礼仪之所。"在中国传统民居中，"堂"一般在住宅的显要位置，属于家庭的外向空间和公共活动领域，它与作为私密空间的"室"和"寝"相对。

如《事物纪原》中所说，堂是"礼仪之所"，祭拜祖先、婚丧嫁娶、寿诞庆典等重要仪式活动大都以堂屋为中心展开。除此之外，堂屋也是重要的会客场所，但在较大的宅院中，有的人家单独设立会客厅和客房，这样就分担了堂屋的会客功能。

由于家庭的重大庆典仪式围绕堂屋举行，这里也是向外人展示家族实力的重要场所，因此，堂屋在人们心中占有重要地位，它通常是一处宅院中建造规格最高的地方。堂屋的装饰一般不会过于繁琐，它简单大方而不失庄重，置身其中往往能感受到威严和神圣。

堂屋是祭祀祖先的重要地方，它的中心间的正中供奉祖先牌位，有的在后墙的中间设神龛祭祖。有的在牌位前挂先人图像或谱序表，左右挂楹联，上面置一大匾。每逢年节，家长带领子孙在堂屋牌位前焚香磕头，举行祭拜祖先的仪式。除祭祖之外，有的堂屋还供奉天地公等其他神灵，以求宅院的安宁兴旺。

江苏木渎古镇的民居堂屋
郑艳 摄

结婚时，堂屋贴上红对联、双"喜"字，被装扮成花堂，新婚夫妇在这里举行隆重的拜堂仪式。逢老人寿辰时，堂屋张灯结彩，柱子和门框上贴满祝福的贺联，案桌上摆满寿桃、寿糕和各种果品，一派喜庆热闹的气氛。祝寿时，老寿星坐在堂屋的太师椅上接受子孙亲友的祝福。逢丧葬之事，灵堂设在堂屋，正中停放灵柩，举行祭奠死者的仪式。

火塘

中国南方一些民族，如彝族、藏族、景颇族、纳西族等，他们的家中往往有一个火塘，它的构造看上去十分简单，就是在室内挖出一个小土坑，四周用砖石垒好，中间生火，放上铁三脚架，便可取暖、煮饭。

如果你认为火塘只是一个简单的火堆而已，那你就想错了。因为，火塘除了取暖和烧水做饭这些实际的用途之外，它还被赋予了丰富的精神意义。例如，在彝族人心中，火塘是一个神圣的地方，这里居住着火神，祖先的灵魂也经常到这里来。于是，火塘成了彝族人与神灵和祖先交流的场所，从而具有重要的地位。

贵州苗家火塘

由于火塘的神圣性，围绕它就产生了许多禁忌。比如，忌向火塘扔污秽不洁的东西，忌在火塘上方烘烤鞋、袜等不干净的物品，忌在火塘前说脏话，忌将脚踏进火塘或在火塘上跨过。谁若触犯了这些禁忌，便被看成是对神灵和祖先的不敬和亵渎，会给家庭带来不幸。种种禁忌，反映了人们对火塘的敬畏和他们对幸福安康生活的渴望。

火塘是家庭的核心场地，家庭的活动往往围绕火塘展开。在日常生活之中，家中老幼围绕火塘而坐，谈天说地，交流感情，畅叙天伦之乐，兴致来了大家还会围着火塘载歌载舞，欢声笑语充满房屋。火塘边传播着民族的历史、传说、音乐和舞蹈，成为民族文化艺术传承的重要场所。火塘也是招待客人的地方，主人与客人多围坐在火塘边交谈。有时，矛盾纠纷的调解，也在一方家中的火塘边进行。火塘是诸神的憩息之地，其中，火神居主要地位，人们在一年之中定期在火塘前祭拜火神，祈求平安丰收。一些重要的农业生产仪式，也往往离不开火塘。如云南禄劝地区的彝族在播种之前举行的"出汤"仪式。这个仪式由男人们在火塘边举行：将一

| 土家族传统火塘 |

块晶莹滑润的鹅卵石放在火塘上烤，待鹅卵石发烫时，将其取出，往上面泼洒清水，鹅卵石散发出大量水蒸气，然后将要播种的谷种放在水蒸气里，同时众人口诵祈求丰收的祝福词。通过这一仪式，人们相信谷种已经获得了火塘的灵气，就会顺利发芽成长，结出丰硕的颗粒。

火塘里的火，它的熄与燃，被认为同家人的命运休戚相关。因此，火塘中的火自点燃之日起，长年不能熄灭，彝族人称之为"万年火"。火塘是家庭的象征，傈僳族、独龙族等民族的子女结婚后，与父母分家，要另立火塘，表示有了小家庭。但分家后不一定另立新居，这样就有可能一个房子里有两个火塘。

庭院

"庭院"这个词语我们不难理解，简单地说就是屋前的院子。中国大部分地方的民居带有内向的院落，这是中国传统民居的一个重要特点。我们的祖辈似乎不太热衷于追求住宅的高度，即便是楼房，高者不过三四层而已，但大都向往有一处宁静雅致的院子，在他们的骨子里似乎有一种庭院情结。我们可以想象一下，当我们的祖先刚刚从穴居中解放出来，尝试着在地面上建造房屋的时候，或许还盖不出有院落的房子。考古学家在陕西省岐山县凤雏村发现了西周时期的庭院式建筑遗迹，虽然还无法证明它是否为住宅，但可以表明早在西周时期我国的庭院式布局建筑已经走向成熟。

在唐诗宋词中，描写庭院自然景致和生活情趣的作品俯拾皆是。这反映了庭院式民居，即带院落的房屋，在唐、宋时期极为普遍，而且不乏深宅大院，所以我们见到诗人笔下的庭院多用"深""重"这样的词语来

| 《胡笳十八拍文姬归汉图》中的庭院 |

形容。例如，北宋文学家欧阳修的这首著名的《蝶恋花·庭院深深深几许》：

庭院深深深几许，杨柳堆烟，帘幕无重数。玉勒雕鞍游冶处，楼高不见章台路。

雨横风狂三月暮，门掩黄昏，无计留春住。泪眼问花花不语，乱红飞过秋千去。

前面我们说过堂屋在礼仪上的重要性，同样，庭院也是重要的礼仪空间。你可以想象一下，家庭中的重大礼仪活动，有时参与的人非常多，堂屋空间有限，很多情况容纳不下那么多的人，这时庭院就派上用场了，它与堂屋一起，构成了礼仪的展演空间。而且庭院的功能远不止于此，它在生产、储存、用餐、晾晒、休闲等方面发挥着多项用途。

桂北民居天井
龙晓添 摄

四合院的院落

农忙时，田地里的收割物可临时放在院子里，人们可以随时加工处理；炎热的夏季，院落中的阴凉处便成为吃饭、纳凉、闲聊的佳处。洗净的衣物和受潮的被褥在院子里晾晒，是最方便不过的了。院子还是孩子们嬉戏玩耍的场地。可见，庭院是住宅中的重要生活空间。

不仅如此，庭院还是住宅中的生态空间，起着改善居住自然环境的作用。庭院藏风聚气，接受阳光雨露，是房屋采光通风的关键所在。庭院中栽植少许花木果蔬，既满足了生活需求，又提供了一处绿化的自然空间，为住宅增添了不少景致和生机。

最后，在中国传统民居中，门和庭院的组合，使得房屋不直接暴露于外部，这与中国人的文化性情相吻合。基于上述庭院的种种特点，就不难理解传统民居大多带有院落了。

| 庭院中的盆景 |

送子

民居的装饰

| 民居的装饰 |

如果我们仔细观赏中国传统民居，就会感受到中国传统民居的美感，这些美感或许来自工匠的精湛技艺，或许来自古人安排居住空间的智慧，或许来自它所蕴含的文化理念，亦或许来自人们对居处的装饰美化。房屋是家的象征，是人们日常起居作息的场所，也是人们精神生活的栖息地。因为房屋对生活是如此重要，所以人们尽其所能，将它装扮得温馨美丽。

民居的装饰，各地有不同的传统，不同等级的住宅也有不少差异，对于普通人家来说，大多采用木雕、窗花、年画、炕围画等简单易行的方式。下面我们就主要介绍一下这几种民居的装饰。

木雕

我们知道，中国传统民居的房屋构架是用木材做成的，形成了独特的木建筑文化。民居中所使用的木材，大部分适于雕刻，中国的传

| 门楼上的精美木雕 |

统工匠也大都擅于雕刻。所以，木雕成为中国传统民居装饰的一种重要手法。我们从保存下来的老房子中，经常可以看到它们的门窗和梁架上往往雕刻着许多精美的图案。

中国的木雕工艺源远流长，它的历史可以追溯到原始社会的河姆渡时期，人们在河姆渡遗址中发现了用

门窗上的精美木雕

木头雕刻的鱼。到了秦汉时期，我国的木雕工艺趋向成熟，后经各个朝代的传承，明清时期达到辉煌。由于木雕在建筑和家具上应用广泛，它成为古代很多工匠必学的技艺，就连那些普通的雕工，也时常能雕出令人赞叹的图案。

传统民居的木雕题材大都是一些富有吉祥寓意的图案和纹饰，有些是鸟、兽、虫、鱼等吉祥动物，如喜鹊、狮、虎、羊、鹿、蝙蝠、鸡等；有些是吉祥的花卉草木，如牡丹、梅花、莲花、菊花、竹子、石榴、葡萄、佛手、桃、柿等；有些是吉祥的纹饰，如寿字纹、回纹、方胜纹等；但更多的是多种吉祥物组合起来的图案，如连年有余、五谷丰登、松鹤延年、福寿

双全、多子多福、马上封侯、喜鹊登梅、平安如意、文房四宝、暗八仙等。还有一些出自民间神话、传说、故事和戏曲中的形象和情节，如刘海戏金蟾、八仙过海、牛郎织女、二十四孝等。除吉祥图案和纹饰之外，还有一类题材是驱凶辟邪，如五毒、老虎、葫芦等图案。

值得一提的是，中国民居中的木雕花窗极富艺术表现力，处处洋溢着东方文化的典雅气质。中国传统木雕花窗多是镂空的，有方形、圆形、菱形、扇形、五角等多种形状。木雕花窗的图案和纹饰灵活多样，千变万化，通常为几何图形与一些简单吉祥图案的组合。几何形状由直线、弧线、圆形组成，如十字、万字、回纹、锦纹、

屋门上的精美木雕

门窗的的精美木雕

寿纹等。与之相配的吉祥图案一般简单大方，多采用能

够表达平安、健康、长寿、福禄、喜庆等寓意的图案。

窗花

窗花是一种民间的剪纸艺术，顾名思义，这种剪纸是贴在窗户上的，所以称为"窗花"。剪纸所需要的工具和材料十分简单，一把剪刀，一张红纸，就能做出各种花样的图案，深受老百姓的喜爱。过去的女孩子，大都会剪纸，这也是女红的重要内容之一。窗花在南北地区都有，但在北方更为普遍。

窗花多是在春节时张贴，例如，山西广灵县以前过春节的时候，需要给窗户换新纸，那个时候老百姓的窗户没有玻璃，都是用稍厚一点的纸糊住，冬季用来抵挡寒风。一般是在入冬时糊一次纸，过年的时候再糊一次新纸。糊好新纸后，人们就剪出各种图案纹饰，有反映吉祥寓意的，有反映农业生活的，有反映戏曲人物的，有反映民俗活动的，等等，题材十分丰富，贴近生活。窗花贴上后，不仅看上去美

山西平遥古城窗花

|《云子花》（山西省中阳县崔春梅窗花作品）|
王晨 摄

观，还增添了节日的喜庆气氛。有些地方，若是谁家过年时不贴窗花，就会认为是不吉利的。所以，很多地区，尤其是北方，春节时家家户户都贴窗花，有的剪纸好的人家，春节前趁农闲剪好许多窗花，拿到集上出售，以贴补家用。

|嫁娶用窗花《龙凤呈祥》（山西中阳县剪纸艺人刘文萍作品）|
刘三梅 摄

除春节之外，每逢结婚、庆寿等活动时，窗花也能派上用场，剪一些红"喜"字、喜鹊、石榴、寿桃等象征喜庆吉祥的图案，表达美好的心愿和祝福。当然，这时的窗花也贴在窗户之外的地方，但窗户是窗花的集中展示点。

有些地方的窗花还通过染色变成彩色的剪纸，一改红色的单调。如山西广灵县和河北蔚县的窗花，就多为彩色剪纸，染色成为最关键的工序，当地有"三分刻七分染"，说是"刻"，因为这两个地方的窗花主要是用刻刀刻出来的，而不是用剪刀剪的。所以，就使用的工具而言，窗花分为剪和刻两种工艺方法。

年画

年画和窗花一样，都是植根于民间的艺术，也都主要用于春节时居室的装饰。

年画是中国画的一种，主要是印制的，它以雕版印刷术的发展为基础。年画在宋朝就已流行，时为都城的开封和杭州，在岁末的集市上有出售木版年画的商家。明清时期，年画制作技艺日趋成熟，特别是在清代，年画进入了发展的鼎盛期，出现了河南开封朱仙镇、天津杨柳青、苏州桃花坞、四川绵竹、山东潍坊杨家埠等著名的年画印制中心。

从题材上看，有的是过

连年有余

|玉堂富贵|

仙草、群英会、西厢记等；有的充满生活气息，如老鼠嫁女、合家欢、婴戏图等。不同的年画内容张贴在房屋的不同位置，它们大多是大红大黄的鲜艳色彩，使得房屋充满了欢乐喜庆以及浓浓的年味。

|福寿三多|

|门神画|

年时贴于门上的门神画，如尉迟恭、秦叔宝的形象，门神画是年画的较早形式。过年贴门神，是中国年俗的重要内容，一直传承至今；有的是祭拜用的神像，如灶王爷、财神等；有的表达吉祥的寓意，如天官赐福、富贵满堂、加官进禄、连年有余等；有的是戏曲故事，如盗

麒麟送子

用于庆寿的年画

年画还用于其他的一些生活场合。例如，结婚时悬挂麒麟送子的年画，用以祝福新人婚后早得贵子；祝寿时送百寿图、麻姑献寿年画，用以祝福长辈健康长寿。

年画一般是购买来的，但它的印制成本不高，普通百姓大多都能消费得起。它和窗花有类似的功能，既能美化居室，又能增添节日气氛，还能丰富仪式活动的内容。加上制作简易，成本低廉，所以受到广大民众的喜爱，广泛流行于民间。

炕围画

炕围画，又称为"炕围子"，流行于陕西、山西和内蒙古等省份，尤其是陕北的窑洞，普遍使用炕围画。这些地方的民居中都有土炕，为了防止炕上墙面的泥土脱落起皮和弄脏衣服被褥，人们在环炕的墙上施以彩绘，这样既保护了墙面，又能防止弄脏衣服被褥，同时也美化了居室。

炕围画的取材十分丰富，山水、花鸟、人物、神话故事、戏曲小说、名胜古迹、祥禽瑞兽、家庭教育等都可成为炕围画的内容。炕围画简单、实用、美观，能够满足普通民众的居室装饰，过去新建的房屋或结婚嫁娶的用房，都少不了绘制精美的炕围画。

我们的民居习俗之旅到这里就结束了，最后告诉大家一个好消息，我们国家有五个地方的民居被评为世界文化遗产，它们是云南丽江古城、山西平遥古城、皖南古村落（西递、宏村）、广东开平碉楼与古村落、福建土楼，这是让我们感到无比自豪的事情。

最后，我们说下研究民居的价值：其一，民居有助于我们了解人们居住生活的

炕围画的制作

山西炕围画

历史，让我们知道过去的人们住在什么样的房子里，过着什么样的生活，他们如何营造自己的幸福家园，以及围绕民居产生的各种风俗习惯。其二，民居也有助于我们认识古人的思想观念，了解他们的心态和愿望，走进他们的心灵世界。其三，民居还是一个艺术宝库，它让我们体会民间传统艺术的魅力，为今天人们的艺术创作提供丰富的素材和灵感。总之，民居是中华民族的珍贵遗产，是中国传统文化的重要内容。但随着急剧的社会变迁，中国的传统民居不少遭到了破坏，没有很好地保存下来。我们每一个人应该增强保护和传承民居文化的意识，珍爱这份文化遗产。

炕围画

图书在版编目（ＣＩＰ）数据

民居习俗 / 刘同彪编著 ；萧放本辑主编. -- 哈尔滨：黑龙江少年儿童出版社，2020.9（2021.8重印）
　（记住乡愁：留给孩子们的中国民俗文化 / 刘魁立主编. 第七辑，民间礼俗辑）
　ISBN 978-7-5319-6545-9

　Ⅰ．①民… Ⅱ．①刘… ②萧… Ⅲ．①民居－风俗习惯－中国－青少年读物 Ⅳ．①K892.25-49

中国版本图书馆CIP数据核字(2020)第182079号

记住乡愁——留给孩子们的中国民俗文化　　　　　　刘魁立◎主编

第七辑 民间礼俗辑

民居习俗 MINJU XISU　　　　　　　　　　　　　　萧 放◎本辑主编

　　　　　　　　　　　　　　　　　　　　　　　刘同彪◎编著

出 版 人：商 亮
项目策划：张立新 刘伟波
项目统筹：华 汉
责任编辑：唐 慧 于 淼
整体设计：文思天纵
责任印制：李 妍 王 刚
出版发行：黑龙江少年儿童出版社
　　　　　（黑龙江省哈尔滨市南岗区宣庆小区8号楼 150090）
网　　址：www.lsbook.com.cn
经　　销：全国新华书店
印　　装：北京一鑫印务有限责任公司
开　　本：787 mm×1092 mm　1/16
印　　张：5
字　　数：50千
书　　号：ISBN 978-7-5319-6545-9
版　　次：2020年9月第1版
印　　次：2021年8月第2次印刷
定　　价：35.00元